동네에서 같이 살기

동네에서 같이 살기
-2025구상솟대문학상 수상시인
서성윤 고명숙 2인 시집

초판 인쇄 2025년 12월 05일
초판 발행 2025년 12월 10일

지은이 서성윤 고명숙
펴낸이 신현운
펴낸곳 연인M&B
기 획 여인화
디자인 이희정
마케팅 박한동
홍 보 정연순
등 록 2000년 3월 7일 제2-3037호
주 소 05056 서울특별시 광진구 자양로 73(자양동 628-25) 동원빌딩 5층 601호
전 화 (02)455-3987 팩스 02)3437-5975
홈주소 www.yeoninmb.co.kr
이메일 yeonin7@hanmail.net

값 12,000원

ⓒ 서성윤 고명숙 2025 Printed in Korea

ISBN 978-89-6253-617-1 03810

* 이 책은 연인M&B가 저작권자와의 계약에 따라 발행한 것이므로 저자와 본사의 허락 없이는
  어떠한 형태나 수단으로도 이 책의 내용을 이용하지 못합니다.

* 잘못된 책은 바꾸어 드립니다.

동네에서 같이 살기

서성윤·고명숙 2인 시집

2025 구상솟대문학상 수상작 수록

2025년 구상솟대문학상 서성윤·고명숙 수상시인!

수상작 서성윤 〈동네에서 같이 살기〉, 고명숙 〈운명의 기도〉
자유롭게 넘나드는 언어가 되어, 타인의 아픔에 조금 더 가까이!

연인M&B

| 시인의 말 |

자유롭게 넘나드는 언어가 되어

　스무 살, 멈춰 버린 몸과 함께 세상과 저 사이에는 굵은 선이 그어졌습니다. 하지만 그 선 안쪽에서 저는 다시 길을 찾았습니다. 천장을 바라보며 삭여야 했던 수많은 말들을 마우스스틱 끝으로 모아, 자판 위에 한 글자 한 글자 눌러 담았습니다.

　저에게 시(詩)는 세상으로 나가는 가장 튼튼한 휠체어이자, 가장 빠른 엔진이었습니다. 몸은 비록 중력의 힘을 이기지 못해 휠체어에 묶여 있지만, 제가 빚어낸 언어만큼은 문턱을 넘고 계단을 올라 당신의 마음에 가닿기를 간절히 바랐습니다.

　이번 시집 「동네에서 같이 살기」는 그렇게 세상 밖으로 나온 저와 동네 이웃들과 어우러지는 풍경입니다. 카페 테라스에서, 덜컹거리는 저상버스 안에서, 혹은 사마귀 한 마리와 실랑이하는 휠체어 위에서 마주한 '사는 맛'을 담았습니다.

15년 전, "언젠가 꼭 솟대문학상을 받겠다"던 다짐을 기억합니다. 그 긴 시간을 견디게 해 준 가족, 특히 나의 손발이 되어 주신 어머니, 그리고 수원새벽빛장애인학교의 선생님들과 문우들에게 깊은 감사를 전합니다. 또한, 함께 수상의 기쁨을 나누는 고명숙 시인님께도 축하와 감사를 보냅니다.

비록 몸은 자유롭지 못하나 마음만은 누구보다 자유로운 이웃으로, 앞으로도 여러분의 동네 어귀에 머물며 삶을 노래하겠습니다.

2025년 11월

서성윤

| 시인의 말 |

타인의 아픔에 조금 더 가까이

　올여름 어느 날 솟대문학에서 걸려온 전화 한 통을 놀란 맘으로 받았고, 제가 구상솟대문학상을 공동 수상자로 선정되었다는 소식을 들은 후 지금까지 점점 커지는 것은 아직 배워야 할 길이 더 많은데, 큰일났다는 걱정입니다. 이 귀한 이름의 상 앞에 서기에는 제 걸음이 너무 부족하니까요. 그럼에도 제가 시를 통해 조금이나마 세상과 마음을 나누어 온 시간들을 따뜻하게 바라봐 주신 분들의 사랑이라 생각하며, 감사한 마음을 고개 숙여 인사드립니다.

　부상으로 시집을 내주신다는 말씀은 제게는 더더욱 큰 선물이었습니다. 첫 개인 시집, 이후로 그동안 조심스레 써 온 시들이, 이렇게 솟대문학상으로 시집이 될 수 있다는 기대는 또한 설렘과 큰 기쁨이면서도 더 큰 책임으로 다가옵니다.

　그동안 묵묵히 시를 쓰게 해 주었던 수많은 인연들에게 이 자리를 빌려 감사의 마음을 전하고 싶습니다. 저를 지지해 주고 함께 걸어 준 가족들과 친구들, 그리고 가르침을 주셨던 선생님들과 선배 시인들, 말없이 응원해 주셨던 많은 분들의 마음이 없었다면 지금 이 자리에 설 수 없었을 것입니다. 일상의 소소한 순간들에서 모아 온 작은 마음들이 시가 되어 나올 수 있었던 것도 그분들의 존재 덕분이었습니다. 그 마음들을 잊지 않겠습니다.

앞으로도 지금처럼 묵묵히, 그리고 조금 더 겸손히 시를 향해 온 마음을 기울이겠습니다. 이 상이 글 쓰고 시 짓는 삶의 끝자락이 아니라 더 많은 질문을 품게 하는 시작점이 되기를 간절히 바라게 됩니다. 시를 통해 저 자신을 돌아보고, 타인의 아픔과 기쁨에 조금 더 가까이 다가갈 수 있는 사람이 되고 싶습니다.

끝으로 귀한 상을 마련해 주신 구상솟대문학상 관계자 여러분께 진심으로 감사드립니다. 저의 부족함에도 불구하고 가능성을 마음에 품고 바라봐 주신 그 따뜻한 시선에 깊은 감사를 드립니다. 함께 수상한 분의 걸음 또한 진심으로 축하드리며, 저 역시 그분과 더불어 부끄럽지 않은 시인의 길을 조용히 걸어가겠습니다.

항상 배우는 마음으로 소통하고 고민하며 연습하고 연습하기를 끊이지 않는 시인이 되겠습니다. 감사합니다.

2025년 11월
고명숙

| 차례 |

시인의 말　　　서성윤 4
　　　　　　　고명숙 6

서성윤

바람에 휘어지다	14
가을 개나리	15
학생과 내부 구조 확인한 날	16
PB	18
이장님은 센스쟁이	19
틈만 나면 개수작	20
신춘(新春)	22
겨울밤	23
그린라이트	24
겨우 100으로	26
선제 공격의 판정	27
로또나 사야겠어요	28
꽃병을 던지다	30
생일 축하합니다	31
가족사진	32
저상버스	33
로데오거리에서	34
보물섬	35
내 인생은 나의 것	36
주름에게	37

사람이 예술이야	38
죽을 각오	39
연쇄 살인마	40
이 문자가 니 문자냐?	41
팬데믹	42
사는 맛	43
동네에서 같이 살기	44
친구는 건들지 말자	46
풀밭에서	47
어메이징 잉글리시	48
틀린 그림 찾기	49
졸업사진	50
니에게	51
충(蟲)	52
벚꽃 엔진	53
당신 생각	54
신흥종교	55
병점역에서	56
무감각시대	58
2인용 자전거를 타다	60

고명숙

언니와 에어컨	62
코골이	65
고마운 사진	68
사진을 보면	70
공부 전 경험	72
끄트머리마다	74
정	76
순대국도 먹었어	78
절기의 미덕	80
우리 커피 한잔 할래요?	82
인권	83
피리가 보여	84
푸훗	86
득지를 하여	88
골통	90
울 운	91
그래도 웃었다	92
너란 사랑이란	94
잠 못 드는 이에게	96
오빠와 컴퓨터	97

충무로역 환승로	98
고양인	99
그 사람의 산토끼	100
몽환적인 것이 좋다	102
그대 단상에 놓인 노래	103
우리의 걱정	104
놀고 싶어서	106
행복	108
매력	109
사경과 사경 사이	110
즉석	112
휴	114
사랑헤 리는 말	116
팥죽 못 먹은 동지를 기리며 웃네	117
운명의 기도	118
하트	120
그저 배어 있어요	122
엔트로피	124
반전	126
어떤 모빌	128

2025 구상솟대문학상 수상작

수상작
동네에서 같이 살기 _ 서성윤   132
운명의 기도 _ 고명숙   134

심사평
대상애(對象愛)와 운명애(運命愛)의
공동체 가치 돌보여 _ 맹문재   136

수상 소감
자유롭게 흐르는 언어로, 다시 삶을 살리는 말로 _ 서성윤 138
세상의 모든 것에 귀 기울이며 시쓰기 _ 고명숙   140

2025구상솟대문학상 수상시인

서성윤

바람에 휘어지다

종례가 끝났지만
책상에 올라 무릎을 꿇었다
교무수첩이 접히고
윙크가 매력이던 캡틴은 몽둥이를 짚고 후크가 되었다
-스스로 몇 대 맞을지 말하도록!
교실은 파도에 출렁거렸다
책상에서 내려가니
파도는 매섭게 철썩였다
침몰 직전
선원들은 무언의 눈빛을 보내며
-세 대요 세 대요 세 대요!
겁먹고 잘못을 담합했다
일등항해사는 의연하게 나가더니
고작 다섯 대를 불렀다
단번에 덮친 파도에 어림도 없었고
이번에 모두가 나의 파도를 주시했다
나는 자신 있게 돛을 펼쳤다
-0대요
침몰하던 교실은 웃음바다가 되었고
후크 선장의 얼굴이 해일처럼 하얘졌다
고삐리 한 마리는 산산이 부서졌다
바람 따라 파도 따라야 했다지만
닻처럼 휘어진 입꼬리는 침몰하지 않았다

가을 개나리

4월의 독서실에는
포스트잇이 온통 피어나고
누렇게 뜬 얼굴들이 파묻혀 있다
겨울나무 같던 그녀가 웃는데
나를 보고 웃는 건 처음이라
가지런한 이가 따끔거리는 햇살 같다
독서실 뜰에 폭죽처럼 늘어진 개나리
대학에 미리 입학한 내 마음은 5월의 축제였다
사실 내 뒤에 우성이가 있었다는데
처음부터 날 보고 웃은 게 아니란 걸
잔인했던 계절을 보내고 깨달았다

포스트잇으로 물든 독서실에 가을이 입실했다
양력으로 착각하신 어머니가 차려 주신 식탁에
정성을 첨가한 미역국을 먹고 한숨에 촛불을 껐다
아직도 소원은 그녀였다
다시 태어난 기분으로 독서실을 나선다
갈잎처럼 남학생을 떨구던 그녀 앞을 지나는데
빙긋, 다가온 그녀
이번엔 내 뒤에 아무도 없다
나의 봄날은 가을에 완성된 해피엔딩
발그레한 볼이 닿을 듯 속삭인다
-지퍼 열렸어
독서실 뜰에 터지다 만 폭죽처럼 가을 개나리가 피었다

학생과 내부 구조 확인한 날

30분만 잔다면서 늦잠에서 벌떡
대양 4리 정류장까지 달리기 전
암반수를 담은 페트병을 집었다
아침이라 생각하고 벌컥벌컥
우웩!
급하게 허리를 꺾는다
두꺼비 소주였다
나머지를 뱉어 내자 에이씨가 전부
헹굴 여유 없이 일단 달린다

성냥 같은 얼굴로 탑승한 2번 버스
웬일인지 선영이가 옆에 앉는다
하늘이 준 기회였으나
술 땀내 때문에 침묵했다

저승사자가 교문을 지킨다
명찰을 깜박한 나를 보고
손가락을 까딱까딱
앞서 걸린 애들을 보면 다행히
서울구경*하고 훈방 조치

---

* 양손으로 상대방의 관자놀이를 잡고 들어올리는 가혹행위.

아, 근데 술 냄새
구레나룻이 뽑혀도 입만 닫으면 산다
독립투사 정신으로 견뎌 보자

아아아아아~
어라? 이 새끼 술 처먹었네
시험 스트레스로 아침부터 한잔했냐?

꼬부라지지 않은 혀로 해명했지만
나는 처음으로 학생과에 끌려간다

PB*

지역 예선을 앞둔 낮달 같은 운동장
새로 산 스파이크가 트랙을 파먹는다
한낮을 토해 낸 오후는 골대로 넘어가고
코치님은 야간조명을 향해 호루라기를 분다
출발선에 닿을 듯 말 듯
앞꿈치가 해져 버린 숨을 내쉬면서
오후 내 달궈진 숨을 참는다
일정한 법칙 따위에 배열되지 않은
기록의 경도를 높이는 순간
웅크린 자세는 스프링이 된다
탕!
도망치는 노력의 꼬리를 밟듯
휘젓는 팔로 인내의 목덜미를 붙잡듯
마모된 브레이크가 파국에 충돌할 때까지
돛을 단 순풍의 심장은 마구 뛴다
결승 테이프를 가슴으로 끊는 환희
시상대 바닥을 스파이크로 긁는 소름
고장 난 전광판 위로
별들이 웅성거리기 시작했다

---

* PB(Public best): 최고 기록.

이장님은 센스쟁이

  개구멍으로 침투한 폐가 뒤란에는 소문에 소문을 더한 수풀이 무성했다. 각자의 방에서 진지를 구축하고 아지트를 마련한 우리는 마구 내리치는 오르간으로 승전가를 불렀다. 이내 논둑길에서 낫을 휘두르며 청년 이장님이 달려와 우리를 혼내는 말 -여긴 일가족이 목을 맨 곳이야. 순간, 붉은 양철 지붕 끝이 삐쭉 일어서고 감나무에 매달린 충혈된 눈알이 굴러떨어졌다. 우리는 개구멍을 막고 패잔병처럼 달아났다

  귀신의 집 체험 이후에 우리는 폐가를 지날 때마다 등골을 쫓아온 그림자 때문에 혼자 걷기라도 하면 먼 길을 돌아왔다. 대낮에 귀가하는 어스름과 한때 돗자리를 들고 드나드는 연인 말고는 아무도 얼씬 못했다

  19년이 지나고 귀신이 곡할 소리를 들었다. 목맨 가족이 산재로 돌아온 것이다. 이장님은 빈집 관리의 대가로 정장을 새로 뽑았다

틈만 나면 개수작

다정이는 요즘
스킨십 스트레스로 얼굴에 목장갑을 꼈다
이대로 두고 볼 수 없어서
아드레날린 도파민 엔도르핀 내뿜는
당일치기 여행 일정과
참고할 만한 쪽지를 뒷주머니에 넣어 주었다

인간이 느끼는 상대적 쾌락 수치
당 섭취=3, 목욕 후 가벼운 몸=6
운동 후 맛있는 식사=10
멋진 풍경이나 그림을 보았을 때=17
자신의 결과에 의한 뿌듯함=30
숙면하고 깨어난 아침=35
여행=55, 섹스=55, 도박=115, 마약=150

다정아, 우리 경포대 가자
대관령휴게소 마약 김밥으로 허기 채우고
인근에 늑대가 없어 평화로운 양떼목장 구경하자
바다가 보이는 카페에서 초콜릿케이크 주문하고
어떤 소원이든 들어주는 보드게임 한판 하자
돌아오는 길에 강릉호 일몰은 필수 코스
만약 일정이 우릴 꽉 조인다면

늦게까지 푹 자고 돌아오자
이튿날 일정도 오빠가 다 준비했어
다정이는 말이 끝나기 무섭게
엔도르핀은 고통을 완화시키는 호르몬이라며
손바닥을 번쩍였다

신춘(新春)

상리 1길 진입로
몇 번을 넘어져도 군말 없던 성윤 씨
외마디를 머금은 획으로 에필로그를 남겼다
자욱한 목격담보다 생생한 일 획의 증언
고속으로 멈춘 직선은 굴곡이 많아
아스팔트보다 짙은 필력이었다
등단하면 시루떡 댓 말 돌리랬는데
돼지 잡고 현수막 건다던 마을 입구엔
목격자를 찾는 어머니가 펄럭이고

겨울밤

달빛 내려앉은 810호 블라인드
열꽃은 좀처럼 내려가지 않는다
여린 숨 이어 가는 자식 옆에서
수액이 떨어질 때마다
기도하는 자세로 꾸벅이는 어머니
떨어질 듯
말 듯
눈 뜬 밤을 붙잡고 있다

그린라이트*

1st
초록색 유니폼 차림으로 운동장을 달렸다
창피한 만큼 더 빨리
학교 뒤엔 초록산, 이름만큼 산도 예뻤다
필통엔 초록색 볼펜으로 가득했다
칠판을 보며 푸른 꿈을 꾸었다

2nd
녹음이 우거진 가로수 길을 걸었다
기차 칸을 세다가 가로등과 댕~
얼굴에 푸른 멍이 묘하게 들었다
그 멍을 일일이 해명하는 게 재밌고
듣는 사람은 배꼽을 잡았다

3rd
복지카드가 신분증이 됐다
갈피 못 잡고 사방을 부딪쳤다
선홍색 마음이 시퍼렇게 멍들었다

4th
초록을 잃은 벌목된 통나무는

---
* 야구 경기 중, 주자가 스스로 판단해서 도루할 수 있는 권리.

어떤 조각으로 잘려 나갈지
비 내리는 야적장에 쌓여 있다

5th
붓을 이어 붙인 나무젓가락을 물었다
팔레트에 그린 계열의 물감이 모두 열 가지다
서툴지만 내가 원하는 색을 채색한다
깜깜한 내일은 싱그럽고 활기찬 초록으로 그려 나갈 생각이다

6th
싹이 돋는다
다음은 아무도 모른다
내 인생 가장 푸르른 날은 아직 오지 않았다

겨우 100으로

10 9 8 7 6 5 3 2 1
낮에 작성한 예약 문자가 전송됐을 것이다
라디오에서 아바 노래가 나온다
무슨 뜻인지 귀 기울이지 않아도
창문에 눈송이는 점자처럼 내린다
차분한 디제이 오프닝 멘트에
쇼펜하우어가 등장시키며
행복의 80은 건강이라고 하더라
후아~
나도 모르게 발사된 긴 한숨
괜히 혼자서 한숨 내뿜는 걸 좋아하지 않는
인위적 긍정의 나였음에도
진정한 행복은 자기 자신이 생각한 만큼의 크기라고
난 그렇게 믿고 배웠고 여태 살아왔는데
난 건강하지 못하니 그나마 20에서
찾으려니 답답해서 그랬던 것
근데 가만 생각해 보면
처음부터 100으로 설정하니 80이 커 보였던 거야
물론 몸이 건강하면
큼직하니 행복을 만들고 나눌 수도 있겠지만
첫 생각으로 100은 좀 옹졸했다
내 행복지수는 10000이 표본
건강이 80
나머지 9920은 어디서 찾아볼까나

선제 공격의 판정

그만 됐다고 문짝을 때렸다
주먹에서 적막이 터져 나오고
괜한 냉장고를 여닫는다
체육공원을 거닐면 가라앉을까
명치까지 모자를 눌러쓴다

반려동물에 끌려다닌 사람들이 만든 산책로에
등에 겁을 잔뜩 세운 고양이 두 마리
바람의 멱살을 잡고 서로를 노려본다
순식간에 검투장 기둥으로 솟아난 구경꾼들
찔러 넣은 주머니에서 각도 잃은 엄지를 뒤적인다
쥔 땀에 주먹이 번져 가는 찰나
등 떠밀린 엉거주춤은 외친다
야옹아 누구든 선빵 날려!

지겨뜬 눈으로 링을 내려오지 못했던 시절
체육관을 나와 약수터에서 클래식 가드를 연마했다
아무렇게나 때려 박은 보도블록을 샤샤샥 샤샤샥
가드 자세 순서대로 세 바퀴를 더 돌았다

매번 낮은 쪽으로 기우는 편파의 저녁녘
산 그림자가 처절한 오후를 밀치면서
그저 발등을 핥는 고양이에게 궁디팡팡을

로또나 사야겠어요

제주도행 좌석에 앉기도 전
제가 먼저 뱃속에 자리 잡아서
귤만 드실 수밖에 없었는데
그때 어머니께서 꿈을 꾸셨죠
서산으로 기운 평상에 시집을 펼쳤더니
귤껍질 같은 햇살이 쏟아졌다죠
자전거 양동이 슬리퍼 빗자루 누렁이까지
온통 금빛으로 물들었다고
깨어난 어머니 손은 백금처럼 창백해졌고요
어르신들께서 그 꿈은 말년에 거부가 된다니까
아버지가 막걸리 열댓 통 사셨다잖아요
무길이는 손바닥 만한 책을 가져오더니
운명선이 끝으로 갈수록 선명하고 굵다면서
공무원으로 은퇴할 거라 부러워했거든요
저는 어릴 때부터 눈부셨잖아요
갈수록 얼굴이 누렇게 뜨는 건 나이 탓이겠죠
혹시 아침 햇살을 해 질 녘으로 착각하신 건 아닐까요
친구 녀석도 책을 거꾸로 봤을 거예요
내가 사는 세상은 거꾸로 가는 것만 같아서
모든 게 꿈이라 믿고 싶을 때가 있어요
여전히 나와 상관없는 저녁은 눈이 부셔요
그래도 눈감고 싶지 않은 꿈이 더 많은 걸요

돌아가는 길에 붕어빵 한 봉지를 샀어요
덧없는 꿈의 속성에 속는 셈 치고
잔돈으로 로또나 사야겠어요

꽃병을 던지다

멸균 거즈는 매일 갈아 줍니다
직접 본 적 없는 꼬리뼈에서
입을 틀어막은 소문처럼 비린내가 납니다
한동안 전동 침대에서 퇴적된 나를 발굴합니다
쓴 약 같은 말을 뱉고 싶어서
상처가 아물 때까지 누구도 만나지 않습니다
냄새에 반응한 백구가 마당에서 웡웡웡
이번엔 기도꾼이 서넛 늘었습니다
품고 온 프리지어만큼 신나신 걸 보니
지난번 퍼부은 저주는 약발이 부족했습니다
마침 건드리고 싶은 가족을 인질로 삼으려는데
형제님을 도구로 쓰시려 시련을 주셨다는 말에
못대가리 같은 귀에 사선으로 소리칩니다
광명이 당신을 여기까지 인도했다면
나는 엉덩이에 생긴 화이트홀을 믿습니다
인간이 광신하는 빛은 지구에서나 일곱 바퀴 반이지
궁수자리 A*까지는 2만 6천 광년이 걸립니다
기어코 도달한 빛보다 블랙홀의 들숨을 찬양합니다
경계로 내쉬는 안도의 날숨은 나에게 연결되길 희망합니다
소멸의 힘으로 별을 생성하듯
나는 당신이 프리지어를 꽂기 전에 병을 던집니다
조각난 빛이 사방으로 득실거립니다

* 궁수자리 A*은('궁수자리 A별'로 발음) 궁수자리 A*은 일반적으로 대부분의 나선 은하와 타원 은하의 중심에 있을 것으로 받아들여지는, 초대질량 블랙홀일 것으로 여겨지고 있다.

생일 축하합니다

활동지원사가 없는 주말
침대에서 채널이 고정된 TV를 본다
뉴스를 보고 세계를 걸어가고 팔도밥상을 받는데
주방에서 탄내가 난다
산불을 감지한 고라니처럼 동공이 커진다
불이야, 다 꺼져 가는 목소리
생일상에 두릅 몇 개 올린다고
잠깐 뒷동산에 가신 어머니는
아무리 불러도 대답이 없다
냄비 달궈진 냄새로 멘탈은 3도 화상을 입었다
연기가 가득 차면서 살려 달란 절규는 뿌예졌다
소고기미역국 끓여 주겠다는 어머니 얼굴이 떠올랐다
자식의 기일이 생일과 겹치면 못 견디실 텐데
물에 빠진 개미 목소리는 마지막으로 천둥소리를 낸다
어머니가 헐레벌떡 뛰어오셨다
가스를 끄고 연기를 모조리 쫓아냈지만
홀랑 타 버린 마음 바닥은 닦을 방법이 없다
주방에서 까맣게 그을린 울음이 들렸다

가족사진

콩깍지 튀는 마당에서
싸리비로 덕구를 진정시키시는 아버지
그을린 부엌엔 푸짐한 한 끼로 분주한 어머니
두 손 민망한 애경선물세트 20호와 둘째가 귀성했다
혼자 꾸역꾸역 사는 게 기특해서
마을회관 가시면 나를 늘어놓고 오신다는데
전동 휠체어 높이로 짜 맞춘 식탁에도 마찬가지
우걱우걱 돼지갈비 드시는 아버지
번갈아 떠먹인 수저를 헷갈리신 어머니
발라 놓은 조기를 또 입에 넣어 주시자
1998년에 찍은 가족사진이 웃는다
곶감도 안 먹고 그냥 간다니까
아버지는 고구마를 사과상자에 담아 주신다
오늘의 표정을 오래 간직하고 싶어서
대기하는 장애인 콜택시 배경으로 찰칵
자기주장마저 꼬부라진 부모님이라도
뭔 사진이냐며 손을 휘저었을 텐데
아버지는 어깨에 총 맞은 것처럼 서시고
흰머리를 히잡처럼 두르신 어머니는
스마트폰을 보시며 찍힌 사진보다 환히 웃으셨다

저상버스

결국
기다리고 기다리던
장애인 콜택시를 포기하고
수원역에서 봉담읍으로 가는 버스를 타기로 한다
10분 만에 도착한 버스
경사로 펼친 기사님은 입가에 미소를 체결하시고
휠체어까지 꼼꼼하게 체결하셨다
앞에 앉아 계신 어르신께서 너털웃음으로
휠체어가 버스 타는 건 처음이라 하신다
근데 기사님은 출발하지 않고
하차하는 문 쪽을 자꾸 뒤돌아보신다
답답한 나는 기사님께 외쳤다
"경사로를 접으셔야 문이 닫히죠!"
머리 긁적이는 기사님
자주 버스 타야겠다

로데오거리에서

수원역 7번 출구에 전동 휠체어가 출몰했다
매번 무리를 놓친 여린 짐승의 걸음은 짐이다
길들여진 야생은 위협으로부터 잠시 무뎌졌을 뿐
요란한 매장마다 산탄 총알 같은 음표들이 달려들었다
평평한 이야기 말고는 저마다 야생의 속성을 지녔기 때문에
모를수록 동공이 커지고 하나씩 드러나는 문턱은 숨 턱을 조인다
횡단보도에 파란불이 위태롭게 깜박이면
악어 눈을 닮은 자동차 경적에 심장이 쪼그라든다
허기진 걸음으로 문턱 없는 쉴 곳을 찾다 보면
송곳니처럼 내리꽂는 주인 시선이 쇠창살 같다
혼자 탄 엘리베이터에 문이 열리고
멈칫한 사람들이 먼저 아래위층으로 보낸다거나
보호색 없이 무리들 온기에 스르륵 다가서면
놀란 가젤 떼처럼 사람들이 뿔뿔이 흩어진다
꼬리 같은 해명을 쫓을수록 하루는 헐떡이게 마련이다
휠체어 탄 외출이 정체(停滯)되면서 여정(旅程)은 시작되고
경계를 의식하는 순간부터 순순히 길들여진다
그리하여 서서 밤을 지새우는 눈동자에 별이 뜨기 전
나는 칠흑 같은 야생의 경계를 밝혀야 한다
배터리 잔량등 하나가 어둠 속 실눈을 뜨면서
경계 없는 밤하늘에 별똥은 이정표가 된다

보물섬

용연*을 바라본다
크게 보면 대륙
차오르면 다시 섬
욕망을 숫자로 표기하면서
봄을 섬이라 불렀다
성곽의 겨울이 흥건하면
화성(華城)은 채굴이 한창인데
진주 진열대처럼 놓인 누리장나무 주변에
황금으로 접은 꽃이 나뒹군다
스노우 사파이어, 차밍 루비가 이름대로 피는 걸 보면
향춘의 시선을 약탈하는 보물섬이다
동장군이 빠져 죽은 북극해에도
봄은 등대섬처럼 솟아
계절이 지나는 관문을 지킨다
겨우내 감시한 우발적 균열은
소금쟁이 익사 사건에 긋는 폴리스라인 같은 것
춘란(春蘭)에 잠입한 나는
보물섬 함락작전 개시의 신호로,
훗날 봄으로 솟을 한때의 돌멩이를 던진다

---

* 방화수류정: 수원성의 북수구문인 화홍문 동쪽에 높은 벼랑이 있는데, 그 아래 연못을 파고 작은 섬을 만들었다.

내 인생은 나의 것*

단체 주문한 티셔츠를 입고
오랜만의 외출로 아쿠아리움을 따라간다
장애인자립생활센터 조현아 국장님은
자립했으면서 왜 집돌이로 사냐며 핀잔을 주셨다
할 말이 많았어도 공감을 얻어 낼 대꾸가 튀어나오지 않았다
들뜬 동료들은 나를 볼 때마다 살이 많이 쪘다는 말 대신
얼굴이 더 건강해져 돌아왔다고 덕담을 건넸다
입구로 들어가자마자
붙잡힌 자유를 가득 쥐어 짜낸 수조에 물고기들이 넘쳐난다
가득 찬 관람객은 말할 때마다 귀를 앞에다 두고 되묻는다
난반사된 목소리가 플래시와 섞여 물거품으로 소용돌이친다
유리벽에 비친 희미한 나를 바라본다
바다코끼리가 크게 한 바퀴 잠영하더니
깎아 만든 바위로 올라와 울부짖는다
울음에 일그러진 나는
사진 찍는 사람들 사이로 출구를 찾는다

* 2023년 전국장애인차별철폐연대에서 제작한 티셔츠에 새겨진 문구.

주름에게

굼벵이가 구르는 재주뿐이라 울 때
나무는 믿어요
여름을 뒤흔들 매미가 된다고
애벌레가 굳어져 번데기가 될 때도
꽃은 의심하지 않아요
왈츠처럼 날아온다고

온갖 시름에 쭈글쭈글해진 당신
내가 믿어 줄게요
세상 모든 언덕을 넘는 스프링이 된다고

사람이 예술이야

부모님을 해돋이극장으로 모셔다 드리고
이미자 콘서트가 끝날 때까지 근처 미술관에서 시간을 때운다

2층에 가려고 엘리베이터에 섰는데
반대편에 거대한 경사로가 내려다본다
쓸데없이 장애인 편의시설을 과하게 설치했나? 싶었는데
2층은 거장의 작품 이동을 위한 경사로였다
흠집이라도 나면 가치가 떨어질 테니까
예술은 위대하다고 감동을 먹었다
공연이 끝나고 부모님을 만나
근처 하나뿐인 맛집을 간다
2층인데 엘리베이터가 없다
사람 존재 자체가 지상 최대 예술인데
왜 나는 화랑미술관 2층처럼 이동 못하는가

죽을 각오

죽을 만큼 좋은 당신 만나는 길
신길역 5호선 환승 구간에서 마주한
경사형 엘리베이터*

매번 목숨 걸고 휠체어 리프트 타다가
이제는 콩알 만한 심장 붙들지 않고도
안도의 한숨은 엘리베이터를 따라 내려간다

아직도 수많은 역에 남겨진 살인 리프트
16화음으로 울리는 소녀를 위한 기도가
위령곡으로 변주되고 있다

세상 어떤 일도 죽을 각오면
이루지 못할 게 없다는데
우리는 얼마나 더 굴러떨어져야
차별의 골짜기를 메울 수 있을까

징검다리가 된 사람들이 설치한
엘리베이터가 무사히 도착하고
아무 각오 없이 탑승한 나는
서둘러 신길역을 빠져나간다

---

* 이 엘리베이터는 2017년 10월 21일 휠체어 이용 장애인(故 한강덕 님) 리프트 사고를 계기로 교통약자 이동편의를 위하여 설치되었습니다.

연쇄 살인마

일정 끝내고
안양시청에서 광역콜 기다리다 끝내 포기한다
근처 범계역으로 향한다
1번 출구 옆으로 엘리베이터가 없어서
2번 출구에서 두리번거리다가
며칠 만에 연쇄 살인마를 만났다
마치 목에 칼을 들이민 듯한 살기를 느꼈다
사람이 평생 살면서 길을 가다가
몇 번의 살해 위협을 느낄까?
교통약자는 하도 빈번해서 간이 점점 커진다
그래도 살인 리프트는 두렵다

이 문자가 니 문자냐?

벨소리 어플에서 찾은 문자 알림음
-이 문자가 니 문자냐?
산신령 목소리로 설정했다
신기해하는 동료들에게
혹 떼고 받아왔다고 했다
어느 날 충전하다 자꾸 묻는 산신령
귀찮아서, 제 문자가 아니옵니다
한참 후 문자를 열어 보니
스마트폰에 저장된 사람은 하나 없고
재난안내문자, 통장출금문자, 장애인 콜택시 예약 취소문자…
신령님, 제 문자인 듯 문자 아닌 문자 같은데 말입니다
혹 같은 문자는 도로 가져가세요

팬데믹

선별진료소 가려고 장애인 콜택시를 불렀다. 확진자가 되면 운전원과 동선이 겹친다고 걸어가시란다. 통화연결음을 두 시간 듣고서야 보건소에 나를 설명했다. 하루가 지나고 방호복을 입은 사람들은 나와 활동지원사의 코를 찔렀다

다시 하루가 지나고 양성, 이라고 문자가 왔다. 그사이 열이 나고 가래가 끓었다. 증상이 심한 활동지원사는 집에 가고 명절에만 뵙던 어머니가 허리를 붙들고 올라오셨다

격리가 끝나도록 나를 먹이고 씻기고 돌아 눕히신 어머니에게 코로나는 비껴갔다. 이런 천운이 다행이란 생각보다 우리 어머니 돌아가시고 팬데믹이 다시 오면 그때 나는 어쩌나

사는 맛

혼자 액션영화 보려다가
10분 늦어 대신 보게 된 〈달짝지근해〉*
세상 어디 없는 이야기라 삐딱하게 보는데
희귀한 내 인생도 여전히 세상에 상영 중이라
저런 로맨스 왜 없겠나 싶더라

인생은 원래 다량의 쓴맛을 함유한 것
달콤한 인생만 쫓다가
충치 악마에게 치통의 찌릿한 맛을 경험하는 것
어쩌면 행복이란 쓰디쓴 커피 마시는 이에게
기꺼이 각설탕 하나쯤 넣어 주는 것

집으로 돌아오는 길
절벽 같았던 문턱이 아스콘 땜질로
휠체어 가는 길이 부드러울 때
이게, 사는 맛이지!

---

* 김희선, 유해진 주연의 로맨스 영화.

동네에서 같이 살기

카페 출입을 문턱으로 거부당한 화는
덩굴장미가 무성한 야외테라스에서 사그라들었다
의자를 치우자 전동 휠체어 넉 대는 자리가 되고
엇박으로 내쉬는 호흡으로 왁자지껄
성윤이를 국립재활원에서 처음 봤을 때
몇 년을 더 살지 동기들은 내기했다는데
이제는 트랜스포머 같은 휠체어 타고
지역에서 자립하고 일까지 한다니
연애만 하면 이번 생은 완벽하다고 웃어 댔다
한숨 가득한 서로의 일상을 지지하면서
한바탕 웃다가 침울했다가 다시 웃길 반복
아직 서산이 해를 지우려면 한참이지만
언제가 될지 모르는 나중을 약속할 시간
서둘러 장애인 콜택시를 부르고
30분 간격으로 작별 인사를 한다
도착한 마을에 하나둘 켜지는 초저녁
귀 뒷머리로 뭔가 오르는가 싶더니
테라스에서 따라온 메뚜긴가?
머리를 살래살래 흔들어 떨어뜨렸다
슬로프를 따라 후진으로 하차하는데
사마귀가 손등으로 성큼성큼
팔 위로 어깨로 머리로

-기사님! 사마귀! 사마귀!
지구가 흔들리도록 쌀래쌀래
왼쪽 어깨에서 주춤대는 녀석을 기사님의 검지킥!
나가떨어진 사마귀를 보고
-이 친구도 같이 내릴게요
잠자리 눈처럼 휘둥그레진 기사님은
-바퀴로 밟아 죽이게요?
-아뇨, 동네에서 같이 살아야죠

친구는 건들지 말자

머리에 소금꽃이 활짝 핀 해설사가
장밋빛 립스틱을 짙게 바르고
탄도항 어촌민속박물관에서 첫 해설을 한다
꼬깃한 수첩을 펴서 증발한 염전의 이력을 열람하고
수족관에 이르러 더듬는 목소리로 농어를 소개한다
우리 친구 농어는 봄여름에 얕은 바다로 모이고요
이 친구가 새끼일 때는 깔따구라 불러요
요즘에 먹는 농엇국이 최고라는 말이 있지요
장난기가 밀려온 나는 오른팔을 펄떡이며
-어떻게 친구를 먹나요?
놀란 해설사님 얼굴은 노을빛 바다가 되고
우리랑 친구 먹을 생각 전혀 없는 농어는
수족관을 한가로이 유영한다

풀밭에서

복숭아 빛깔 커플룩을 입고
유원지에서 김밥을 먹기로 했어요
나란한 걸음은 잔디밭 어귀에서 기웃대죠
깊숙한 그늘이 숲으로 유인했지만
땡볕에 지친 강아지 혓바닥 같은 그늘이면 충분해요
클로버 풀밭에 돗자리를 깔고
그 위에 김밥이 앉고
자연스레 돌연변이를 찾아요
자아실현보다 자아 발견이 먼저니까요
여기저기 널린 클로버처럼
우리 이름도 흔하게 불렸다면
가끔은 행운아로 뽑혔을까요
작고 연약한 풀이 진짜 강하다고 하면
옆구리 터지는 소리에 뜯겨 나가겠지만
뿌리의 본연은 달라지지 않아요
네 잎을 드디어 발견했어요
한 뼘만 멀리 봐도 아마존 밀림인데
내 잎이 아니라서 숨은 그림처럼 그대로 둬요
쫄랠래 따라오던 그늘은 어느새 늑대개가 되고
해진 무르팍 같은 사람들이 떠난 자리에
한 몸처럼 개미 떼가 와글와글

어메이징 잉글리시

그만 영어책을 덮고
듣기 능력을 키운다는 핑계로
히어로 영화 네 편을 몰아 본다
지구에 야심 품은 유니크론
크립톤 행성의 조드 장군 일당
전쟁하는 그리스 신들
하느님마저도
하나같이 미국 원어민 같더라
세상을 정복하거나 지키려거든
Used English
덮은 교재를 다시 편다

틀린 그림 찾기

긴장의 끈을 잘라 낸 엿장수가
가위 걸음으로 모래판 주위를 휘젓는다
무슨 엿치기하듯 단판에 팔아 버리는데
엿판을 노려보는 댕기 소년의 눈빛에는
바짝 당긴 샅바처럼 팽팽하다
세 번째 엿판도 금방 뒤집을 기세

들배지기에 후들거리는 안다리
쥔 땀에 손아귀가 한지처럼 번져 간다
막 모내기 끝나 겨룰 만하다고
삼식이 놈은 초가을 강쇠바람에 누운 벼쯤이라

오늘은 일찍 판을 접고
곽 대감댁 잔칫상 차리느라
몸져누운 마누라에게 보약 한 재 사 줘야지
아니지, 오늘 같은 운이라면
마부 오 씨를 꾀어내어 투전에서 손모가지 걸어 보자
가죽신 옆에 둔 짚신이
틀린 그림처럼 보이는 엿장수의 단옷날

졸업사진

예쁜 애들 많다고 소문난
삼괴중학교 3학년 1반
맨 앞자리 똑단발
눈 밑 잉크점이 매력인
너만 보인다

너에게

여름 감기를 처음 앓았을 때
지구 그림자가 걷히기 직전
태양광을 피하려 무중역에서 호적거린 악몽이었어

껴입어야 할지 벗어야 할지
처음이라서 꽃은 모르고 견뎠지
지독한 여름 끝에서 문득
어떤 감기도 이 못다 못한 생각에
이불 속에서 웃던 기억이 나
너에게 앓았을 때도 그랬어
너는 처음이었거든

충(蟲)

인간이 서로 헐뜯을 때
왜 애먼 벌레를 들먹이는지
급식충 맘충 부먹충 진지충…
단지 좋아한다고
벌레가 되는 세상이라면
나는 당신충이 될 거야

벚꽃 엔진

4월은
엔진을 소유한다
비상하는 꽃잎 엔진
해동된 들판을 여미는 바람 엔진
세 번까지라던 멀어지는 뒷모습에도

비는 그쳤지만 취소 문자가 그치지 않고
뒤집혀 울상인 충전 표시등
각 지방의 언어처럼 튀어나온 블록이
나서지 못한 이유는 아니지만
늘 날이 선 너를 만나는 길

수드라 사내의 담을 넘는 연애는 높이를 탐닉하는 몽매
고장 난 계단을 돌아 경사로를 오를 때
서로는 풍경이 다르다

고막을 쪼는 새소리와 벚꽃의 터치다운을 볼에 허락하니
내게 찾아온 찬란한 속도를 잠시 잊고 있었다

앞선 동일기종 휠체어엔 카르마*라 쓰여 있고
엔진이라 읽는다

---

* '힌두교' 갈마(羯磨), 업(業), 카마: '불교' 인과응보, 업보(業報), 숙명(론): 인연.
  '美口' (사람·물건·장소에서 나오는, 직감적으로 느껴지는) 특징적인 분위기.

당신 생각

엄지 발톱이 뽑혔다
덜렁덜렁, 피가 철철
제3의 시선으로 본다
척수손상 장애 이후
23년이 지나도록 장애의 장점은
통증 없는 독감주사가 전부였는데
무감각에 안심하는 생각이 따끔하다
나에게서 통째로 뽑혀 나간 당신도
전혀 아프지 않다
눈물이 덜렁덜렁
당신이 철철

신흥종교

옆집은 송아지만한 개를 강아지라 부른다. 어쩌다 공원에서 마주치면 금방이라도 비둘기를 물어올 것 같다. 멀끔한 흉악범을 뉴스에서 볼 때면 관상은 과학이 아니라 믿지만 깊은 우물처럼 생긴 눈을 보면 온몸이 젖어 든다. 주일엔 집에서 지내고 모바일 뱅킹이 불안하다고 은행에 매일 방문하는 옆집은 말한다. 우리 토토는 절대 안 물어요

병점역에서

[스티븐 호킹의 블랙홀]을 보며 장콜을 기다리다가

멀리로부터 멀어지는 새벽별처럼, 혹은 타오르다 만 성냥처럼 충전등이 끔벅인다. 이 땅에 맞물리지 않는 바퀴가 화성(市)에 안착했지만, 지구에서 자정을 넘으면 여정(旅情)이 되는 건 어느 곳이든 변함이 없다. 몇몇 구둣발이 계단 위로 솟아오르고 작은 행성이 된 승강장. 인체공학적으로 설계한 욕창 방석에 바람 잘 날이 없다. 무너진 계단을 피해 엘리베이터가 길을 튼다. 일단 시침이 하염없는 장애인 콜택시를 당긴다. 탈선한 원심력을 두고 아웃사이더는 바깥의 바깥으로…

특수상대성이론에 의하면, 빠르게 움직이는 물체는 멈춰 있는 물체보다 시간이 느려진다. 너로부터 고속으로 충돌한 이후, 나의 속도는 사방으로 아득해졌다. 그때부터 증명하지 못한 이론을 직감으로 믿기 시작했다. 내가 정지하고 상대가 빠르게 움직이는 것. 내가 움직이고 상대가 정지한 것. 실제는 시간이 느리게 또는 빠르게 간다고 느끼지 못한다. 나를 제외하면 모든 속도가 상대적인데 눈빛만 닿으면 왜 그리 X값을 대입했는지, 공식은 증명할 때 비로소 답이 나온다고 믿었다.

두 손 간절했던 저 별을 빛의 속도로 다녀온다면, 공간과 속도에 따라 서로의 시간은 다르게 흐른다. 지구는 수백 년이 지나 오늘처럼 둔갑하고 등판에 karma*라 적힌 휠체어를 골동품으로 내다 팔면, 억압의 시대가 만든 보장구로써 희소성이 크겠다. 사지마비쯤은 반창고 하나 붙이고 다시 오늘로 돌아오겠다.

 바늘 하나 꽂을 데 없던 당신의 그 무한한 밀도는 블랙홀이었다. 휠체어라 먼저 들여 준 동해예술문화관, 코앞으로 리허설 중인 박효신의 노래, 빛 조리개였던 보조개, 대왕 돈까스 1인분, 성큼 다가온 셀카에 꽉 찬 두 얼굴, 자정 가까운 광운대역 광장 풍경까지… 35광년 날아온 빛이 몽땅 빨려들어갔던 순간이었다. 너에게 가까워질수록 시간은 느려지고 빛이 탈출할 수 없는 블랙홀의 경계였다. 빛도 탈출할 수 없어 아무것도 볼 수 없다는 '사건의 지평(event horizon)'과 같았다.

 배차 문자가 도착하고 해 뜨는 무사귀한이라며 장애인 콜택시에 오른다. 뒤집어진 눈꺼풀까지 열린 차창으로 이곳의 공간과 시간을 가늠할 수 있는 바람이 들어오고 있었다. 세상 모든 원리의 전제 조건을 나에게 두면 문제는 답이 필요 없는 문제로 남길 수 있다

무감각시대

노작호수공원이 한눈에 보이는 보건소 대합실
볼륨을 죽인 TV가 걸려 있고
폭탄 테러 뉴스는 사망자를 여 명으로 센다
낙타가 바늘귀로 드나드는 소식이 흔해지면서
혀 차는 소리는 오래된 묵음이 됐다
스마트폰을 모르핀 주사처럼 쥔 사람들은
예방접종을 기다리고 있다

너무 아픈 사랑은 사랑이 아니라는 노래처럼
좋아한다고, 엮자고 찌른 비수가
뽑을 수 없는 관통의 흔적으로 남았다
아무것도 덧대지 않아 곪은 상처를 어르던 서로가
더 아픈 사랑을 위한 예방주사였더라
죽어 있거나 약한 바이러스가 아니라
운명이라 믿었던 그 시절의 치사량은 찰랑였었다
그때가 그만 고맙고, 너는 내가 얼마나 아팠을까?

실눈을 뜨니
활동지원 선생님은 이미 약솜을 누르신다
발가락이 부러지고 맹장이 터져도
비명은 스물부터 재갈을 물었는데
통점을 자극하는 바늘을 팔뚝은 기억하는지

땅바닥에 한참 내팽겨진 물고기처럼 움찔한다
깊이 삼킨 바늘을 포기하고 단숨에 줄을 끊었을 때
숨이 가쁜 건, 네가 아니라 조급한 나였었다
어쩌면 비명은 U라고 걸려 나오지 못한 갈고리였고
호수 끝에서 눈시울은 노을에 착색되고 있었다
이제는 안 아프냐고 눈 똥그랗게 꼬집는 말이 가장 아프다

2인용 자전거를 타다

 한 사람이 가벼워졌는데, 가벼워서 펑크가 났다. 바람이 빠진 채로 주행하면 타이어가 찢어져요. 무엇보다 사이드 휠이 망가진다니까요. 펑크를 때우는 기사님이 말했다. 도통 찢기지 않는 타이어와 휘지 않는 강철이 허공의 한숨으로 짓눌렸던 걸까, 바람처럼 머물던 당신이 내게서 빠져나갔을 때도 그랬다

 피스톤이 가닿고 진공을 풀어헤친다. 흥분이 뽑힐 듯이 요동친다. 막바지 펌프질에 체중이 들뜨면 우스꽝스러운 자세에 웃음이 터지곤 했다. 그게 최대 공기압인 줄도 모르면서

 어떤 부재의 무게도 지탱할 수 있는 숨을 들이마신다. 후륜이라 믿었던 나는 짐이었으므로 앞자리에서 맞바람을 체인 삼아 페달을 밟는다

2025구상솟대문학상 수상시인

고명숙

언니와 에어컨

나 어릴 적 초등학교 시절
소망하고 기다린 언니

대학교에 이제 막 입학해
풋풋하기만 할 그 마음

대학교 안 커다란 종합병원
그 병원 옆 재활원
재활학교 장애아들에
기꺼이 기꺼이 향해 준 언니

내 동갑 친구 용철이와 친한 덕에
나도 같이 볼 수 있던 참 좋은 언니

대강대강 빗어 모아 묶은 머리
그 수수한 옷차림에
서글서글 웃음 띤 순수한 인상

푸근한 목소리의 경상도 억양
한 마디 한마디 언니 말소리
언니 웃음소리 들으면
그 진심이 깊고 깊어 어느새

내 마음 훅 열리고 말았지

종알종알 어린 수심 따뜻하게 다
들어주고 알아주고
언니의 마음 마음도
책 선물에 엽서와 편지에 카세트테이프에
이야기해 줘서 고마웠어요

어느덧 우리 인연 40년 41년
우리 언니 순임 언니 울 순임 언니

엄마 말씀 잘 듣느라 그만
언니에게 말을 높이게 된 것
못내 서운해해 주고
못마땅해해 줘서
고마워

환호가 나갈 정도로
몸이 뛰어오를 만큼
너무 고마웠어

올여름 유난히 긴 이유

에어컨 선물해 준 언니 마음
뜸들여 단 만큼
더 좀 느껴 보라는 하늘의 뜻일 거야

내게 그렇게 선뜻
큰돈을 주다니 언니

그냥 없으면 없는 대로 지냈고
그냥 계속 그리 지내려는 단순, 내 미련

어쩌면 나보다도 더
자연적으로 살아갈 법한 언니인데

얼마나 더웠냐며 나 생각해 주고
아서라 말아라 나무라진 않으면서도
앞으로 더할 필요성 잘 알게끔 말해 주어
선물해 준 에어컨

우리 집 오면 에어컨 없어 불편했을 분들
불평불만 미운털들 좀 뽑히겠지
언냐 정말 너무 고마워

코골이

드르렁 드르렁
드르렁 드르렁이 아니다
크흥 크흥
크흥 크흥도 아니다
크르렁 크르렁 코를 곤다
쩌렁쩌렁 울리게 코를 곤다

쎄엑쎅
쎄엑쎅이 아니다
씨익씩
씨익씩도 아니다
끼익끼익 숨을 들이킨다
찌익찍 찢기게 쭉 들이킨다

이 몸 힘들게 쓰다가 보면
한참 쿵쿵 움직이다 보면
잠도 아니 자는데 참 엉뚱하게도
그르렁 그렁 지친 사자의 숨소리같이
갑자기 코가 골릴 때가 있어
그 소리에 나도 놀라며 멋쩍게 웃을 때가 있지

여의도성모병원 장애인근로인휴게실
나의 왼쪽 사선으로 앉아 있는
그 예쁜 오빠는
사고로 머리를 다쳐 중증장애인
말 한 마디 못하고 휠체어에 앉아서
세차게 코를 곤다

닫힌 문 바닥 틈으로
켜진 불빛이 비집고 나오듯
닫힌 문 손잡이를 쥐면
그 오빠 코골이 진동이 전해져

인사를 하고 감정을 묻고 의사를 물어도
말 한마디 대신 오는 대답은
끄덕끄덕 끄덕임
후덕한 긍정 마인드
그래도 그 사이사이
그 깊은 웃음도
기막히게 눈물나게 길어 올려 주시지

악수하자 손잡자고 청하면은
그 선한 수긍 끝에

아기 같은 뽀뽀
손등에 선물해 주지
그랬으면서도
달콤한 속삭임까진 어림없다고
당연한 호통이 날아오듯
끼익 크르렁 찌익
날카롭게 고막을 찌르지

고마운 사진

다소곳이도 앉아 있구나
하지만 참 다부지기도 하지

막막히도 닫힌 문을 보고 있구나

그래도 울지 않고 아무런 소리 없이
푸르르한 눈빛 거침없는 파도처럼 쏴

열려라 참깨, 열려라 참깨
몇 번이고 몇 번이고 하였겠는 걸

그래도 참을성 있게
그리 따분하지 않게

나를 기다리고 있었네
이렇게 지켜 주고 있었어

저기 저 안에 들어가 버렸으니
너, 와 있는 줄도 모르고
저기 저 문 닫고는 한참을 있었으니

너의 고마운 이 모습
난 담아 놓지도 못했지

아까워도 아차 할 수도 없는 광경

고맙게 찍어 준 손길이 있었네
예쁘게도 담아 준 마음이 있었어
따숩게도 전달해 보여 준 미소가 있었고

사진을 보면

스님하고 같이 찍은 사진들을 보면요
'심진여문 심생멸문'이란 말이 떠올라요

잘은 몰라 아니 전혀 알지 못해도
저의 수준과는 맞지 않게 전문적이어도
언젠가 어디선가 누구에겐가 딱 한 번 들어는 봤다고
또 마침 분명히 꼭 어쩌면 이렇게도 맞게
스님과 함께한 순간들이라고

앗, 그거다
오호, 그것이 혹 이런 것 아닌가

마치 잘 구워진 빵이 기기에서 톡 올라오듯
탁 하고 튀어나왔어요

이번 모습들 속에서도
저번 만남 속에서도
그 전 시간 속에서도

저야 누구와 있더라도 다르긴 하지만요
스님하고 찍으면 그 확연함이란 이루 말할 수가 없어요

스님은 고요한 모습으로 일관하시고
스님 곁의 저는 변화무쌍 오두방정
시선도 표정도 몸짓도 시시각각 변해요
한시도 가만 못 있고 쉴 틈 없이 흔들려요

그게
스님은 진여 저는 생멸인 것 같다고요

공부 전 경험

이런 마음
써 본 적
받아 본 적
봐 본 적
있었나 없었나

일을 끝내고 내려오기 전
엉거주춤 앉은 사람
한번 휘청하더라만은
눈을 맞춰 미소로 받쳤다

아이코 휘청하셨어요?

미어지는 흐름
단 한 번 낮은
일렁임만을 놔두고
브레이크를 밟았다

마음 공부
마음 공부
하라 하지만
사랑

사랑하지 않고서
어떻게 할까
경험하지 않고
공부를 어떻게 할까

끄트머리마다

내가 하는 이야기 끄트머리마다
나는 또 어느새
활짝 웃고 있었나 보다
어린애같이

그 전에 상대 이야기를 듣는 동안에도
나는 연신
미소 지었을지도 몰라
부처님같이
아이휴 밝아라

그 무엇의 가감도 없는
어떠한 뒤틀림도 없는
상대의 나지막한 반응이
나의 천성을 비추어 주었다

부처님같이
어린애같이

빛이 빛을 보았다
빛이 빛에 보였다
서로가 빛난 순간

그대 태초 안목에
내 본래 면목이 뜨이었다

정

열정은 절정을 향하여
솟아올라 결정을 내도록
그 한창이던 것

시큰둥 애써
지겨워하기까지 한
나는 외톨이

마음 걸어 둘 유행가
질러갈 길 없어

아차 싶었을지 몰라
계획이었을지 몰라

부드럽게 지탱하고
절도 있게 이어 가는
운율 가락

점선면 곧게 통과해
각선미 빛내는
다이아몬드

발칙하게 반칙해
추방당한 무대가
활짝 열린다

다이아몬드 귀걸일
이제 해 본다
치장 끝 귀청에 걸어 본다

완성작에 달리는 정이란

보석으로 향하는 탐험
빛으로 빚어지는 착각
너로 재해석되는 사랑

순대국도 먹었어

나는 지금 장애인 편의시설 조사원이야
나는 어제 일을 하고 점심을 먹었어
나는 어젠 순대국집 가서 일을 했어
일을 마치고 그곳에서 점심을 먹었지

오늘은 다른 순대국집을 찾아가 편의시설 조사 일을 했어
지금 머릿속에는 순대국과 순대국집으로 가득해
사랑스러운 초등 동문과 그의 짝꿍 대접하고 싶어서
들어가기 쉽고 자리 잡기 편하고, 동문이 좋아한다고 한 순대국
순대국도 당연히 맛있게 하는 곳 알아 놓으려고

대접하는 내가 안내해야 하는데
유치하지만 나를 따르라 해야 하는데
길눈 어두운 나라서 헤맬까 길 잘 익혀 놓으려고
그러고 싶어서 어제 오늘 노래를 했어
순대국 순대국집 노래를 했어

알아 놓고 나니
익혀 놓고 나니
기분이 좋아
만날 날이 더 기다려져

약속도 가는 길도
까먹지 말아야지

절기의 미덕

요즘엔 모기님들이 어디 계시나
안 보이시네
그래
내년 여름에나 다시 들르시던가
내 기꺼이 거하게 대접하리다
나만 뜯기요, 알았소?
그렇다고 너무 오래 머물러 있지는 마시고

그럼 그때까지는
안녕히 주무셔
푸욱 주무셔
나도 그 덕에 밤잠 설치지 않고
자리다
푸욱 자리다

그래도
일체개고인 게
모기님들이 달려들지 않으니
이 엄동설한은 언제 왔는지 와서는
가만히 있으면 있는 대로
쏘다니면 쏘다니는 대로
온몸 구석구석에 얼음조각이 박히는 듯

귓볼이 떨어져 나가듯 춥네

그나마 다행인 것이
극치는 한 가지이고만

고맙게도
어느 절정에서는
배턴터치를 꼭
해 주니 말이야

우리 커피 한잔 할래요?

믹스커피 어때요?
괜찮아요?
왠지 인간미가 듬뿍한 것 같아 좋거든요, 나는

인권 의식과
사람들의 정
서로 당기는 힘이
섞여 있으면 해요

어둡고 쓰디 쓴 현실에
눈뜨게 해 주는 커피에
부드럽게 퍼지는
정겨운 크림
기꺼이 달려들어
내 편이 되어 주고 힘을 주는
새하얀 미소까지

인권

울어야겠어
씻어야겠어
입어야겠어
보호받아야겠어
태어났으니까

먹어야겠어
싸야겠어
코~ 자야겠어
아프면 나아야겠어
살아야 하니까

놀아야겠어
배워야겠어
꿈꿔야겠어
사랑받고 웃어야겠어
자라야 하니까

꿈을 펼쳐야겠어
독립을 해야겠어
돈도 집도 일도 있어야겠어
자기만의 관계도 이뤄야겠어
사회인 국민 주인공이니까

피리가 보여

삐리리 삐리리 피리가 보여!
어깨 너머 책장에 놓인 피리가 보여

삐리리 삐리리 피리가 보여?
멀리 흐릿한 작은 창 안 피리가 보여

삐리리 삐리리 피리가 보여~
용케도 찾아낸 숨은그림 피리가 보여

삐리리 삐리리 피리가 보여 ~.~
흰구름 탄 신선이 불어 줄 피리가 보여

삐리리 삐리리 피리가 보여 ♡
사랑이 입에 쏙 들어가는 풀잎이 보여

삐리리 삐리리 피리가 보여 *^^*
토끼똥 향긋하게 가리는 풀피리가 보여

삐리리 삐리리 피리가 보여…
풀잎 이슬에 살짝이 비친 내 모습이 보여

삐리리 삐리리 피리가 보여 ^^
바람결 보드랍다 감아 웃는 눈이 보여

삐리리 삐리리 피리가 보여 0
맺히다 끊기고 고이다 떨어져도
없애며 사라지고 깨우치고 깨닫는 인연들의 눈부처가 보여

푸훗

색다른 음악이 들려 온다
경쾌하지만 잠들 듯 퍼진다

나는 꿈을 꿀 듯 말 듯
너는 춤을 출 듯 말 듯

흥은 돋지만
폭은 크게도 못해

턱만 까딱까딱
할까 말까 하는
춤

똑똑
짧게 끊어지는 것이
밋밋하게 가깝고
딱딱하게 먼 것이
참 싱겁다

그렇다고
아무 감동 없이
이른 off를 요하는 것은

참 짓궂다

눈이라도 맞추며
눈치껏 동시에 깔깔댈
벗도 짝꿍도 없으면서 고작
푸훗
나도 참

때가 되었대도
갑작스러운 그 정적엔
역시 무안해질 것 같은 예상에
또 그만
푸훗

득지를 하여

철의 값을 한다고
막 뛰어 흐르기 시작한
심혈의 부스러기
가슴 박박 긁어

신나게 모아 주어도
그럼 그렇지
티도 안 나

강약약
중간약약
약약약
할당된 기운
다 달리어

곁엔
오기만 온 사람들은
있는 족족 점점
온 마음 나에게 다
내달라 하고

징그럽게 절절매면서도

이미 철만 잔뜩 들어

고맙다
미안하다
부끄럽다

제 알 바 아닌 듯한
기세만 더 등등해지겠지만

고지곧대로 응하고픈 순간
순간을 눈감아 쓰러뜨리며
조용한 다음

양 입꼬리 지긋이 펼쳐 올려
양심으로
이대로 비춰 주고파
그대로 밝혀 주고파

그냥 큰 양 약하게

골통

우리만의 허공과 고요가
서로의 살결처럼 닿으면
비로소 너의 명곡이 골골골
골짜기로 맑게 흘러와
골골골 고루고루 성화 부린
경직과 불수의 긴장과 소진에
통통통 부풀어 터지는 통증들까지
물끄러미 들뜬 나의 뿌리를
통틀어 자장자장 잠재워 준다

울 운

굵고 무겁게 그저 쇠사슬로
안 된단 애원
한마디 던지는 새
가늘어져도 길어져 낚싯줄로
운다

눈물이 흐를 것 처음부터 말해 준 듯
그 울리고 울던 날이 지나도
정통으로 맞춘 슬픔
벌거숭이 되어
운다

나의 인식의 대상
대상이 맺혀
비중도 대세도
가늠하지 못하고
운다

내 육신의 보금자리
무너져 내려
출발점도 도착점도
알지 못하고
운다

그래도 웃었다

세 해
또 세 해 오갔어도
몰라라

곳곳 누비지 못한 아쉬움이
한 자리에만 그대로 있는
저 나무 한 그루보다 클까

나와 비슷하지만 같지는 않을 터

새 단장
새 이름
새로운 쓰임새에
낯설 겨를
두리번거릴 새
어디 있나

홀린 듯 향하고
취한 듯 다가가
홀로 들어서고
한 발짝 더 들어서도
어쩌면 나는 몰라라

두 해 모자라
서른 해
흘러가는 흰구름 반가워
스승님 친구들 아니
어느 뜻밖의 동문인지

이 해 여름
머뭇머뭇하다가
금방 핀 꽃인 양
웃었다

오랜 낮 열기 한 풀 꺾고서
돌아서 나오는 발길 발길을
배웅해 줄 낮달인 양
웃었다

너란 사랑이란

너에게 부는
나에게 금지된 바람은
이 밤을 휘이 휘이

얘야
나는 너를 사랑하지만
사랑을 사랑하기도 해

그래서 얘야
네가 내 곁에 있어 주길 바라고
너와 있고 싶다만
역시
사랑 곁에 있고 싶기도 해

사랑스럽고 사랑스럽게
탈 탈 탈 벗고 벗어서
네가 되고 내가 되어 웃고
너 나 하나 되어 울다
따로 또 같이 울고 웃다
사르르 스르르 잠들고 싶다만

너에게 속삭이는
나에게 내려진 함구령은
이 밤에 소근 소근 소근
내 귓속으로만 흘러 들어간다

잠 못 드는 이에게

밤은 길어라
아니
밤은 짧아라

검은 밤을 붙잡아 두고
밝아 오는 파란 창가에 닿아 하늘에
녹노란 옷 입은 테니스공을 팡팡
팡 쳐올려 내리꽂아라

밤새 뒤척이던 등판 아래서
통증의 라켓으로 양 날개를 오갔지만
동글동글 탄탄한 힘 참 윤회 같아라

환히 다가오는 하얀 아침 밀어내며 내놓은
밤새도록 앓는
신음 같은 한마디를 움켜쥐고
이토록 늘어뜨리고서는
다듬어 굴리려는 미련이라니

곤한 잠 걷어차도 이 욕 이 행
분명 윤회
또 그 씨앗이리라

오빠와 컴퓨터

산울림의 노래 어머니와 고등어
제목이 대신할 수 있을까
노랫말이 대신할 수 있을까

오빠가 선물로 보내 주신 컴퓨터
아직 뜯지 않은 박스를 바라보며 밤잠을 청한다
내일 아침 나는 새로 온 컴퓨터를 만날 수 있네~

오빠와 컴퓨터가 함께 오지 않고서
오빠가 안고 오지 않고서
컴퓨터는 아니 와도
오빠만 와도 좋은 걸
나는 내일 아침에는 오빠 선물 열어 볼 수 있네

저기 저 상자 속 새 컴퓨터는 오빠의 선물
저기 저 책상 위 헌 컴퓨터도 오빠의 선물

니가 세상과 소통하는 통로인데 그게 버벅거려야 되겠냐
오빠가 먼 충주에서 서울로 차에 싣고 와
놓아 주고 켜 주셨던 7년 전 컴퓨터도
내겐 아직 좋기만 한데

여기 이 책상 위 새 컴퓨터는 오빠의 선물
여기 이 상자 속 헌 컴퓨터도 오빠의 선물

충무로역 환승로

그냥 지나가진 못해
속도를 늦추어
한 뼘이라도 옆으로

반, 반 뼘이라도 틀어
다가가 사로잡혀 보던
그녀, 그녀에게로

벅찬 미소 대신
떨궈진 손끝만이
아스라이 스치운다

이렁 눈물 아니
젖어 온 한숨부터
고스란히 삼키운다

고양인

지금 나에게로 와
잠을 청한다

잘 거라며
자라 하며

나인지
이불인지
지정한 홈에 저를 맡긴다

내 몸 일부로부터
전부는
점점 조심스럽게도
안정된 조각품으로 태어나
눈을 감고

저는
그저 나만 기다리다
나의 꿈은 뒤로한 채
가뿐한 뒷발질로
횅하니 튀어 나간다

그 사람의 산토끼

토끼야 먹어라
토끼야 먹어라
그 사람은
쪼그려 앉은 아이들을 뛰어넘어
노래 부른다

토끼야 먹어라
토끼야 먹어라
그 사람의
소절도 뛰어넘어
꼭 꼭 씹어 먹어라
꼭 꼭 씹어 먹어라 할 판도
어느새 눈에 선하다

토끼야 먹어라
토끼야 먹어라
그 바람으로
어디를 가느냐
어디를 가느냐고
내가 내게 묻는 마음 잡아 봤겠지

어느 집에 맡겨져서

누구 손에 입혀지고 먹여져서
저리 자라나 늙어졌을까마는
떠민 이도 버려진 사정도
서러움도 미움도
조금도 얹혀 놓지 않고
되새김질도 없이
그저 고마워서

단 고마움만으로 다 꿰매고
다 소화시키고는
회향하려
회향의 꿈만으로
빙그레 빙그레

외롭고 허기진 가슴들을
빙그레 비추곤
자릴 뜨고
빙그레 비추곤
길을 가다

몽환적인 것이 좋다

묘한 소통에 사사로운 정이 흐르고 말았다
이 귓가로 똬리 틀어지던 관용어 하나에
저 눈가로 동그란 미소가 깡충 뛰어갔다

촉촉이 피어오르는 그대 입김
따스이 달궈지는 내 가슴에 닿아
반짝반짝 빛나는 것이
아지랑이인지 뱀의 비늘인지
꿈인지 환상인지
몰라도

그대 단상에 놓인 노래

그대의 추억을 살짝 엿볼 수 있었죠
그대 본 취향에서 빗나갔지만
그래도 좋았더라는

나는 이제 듣고 듣고 또 들으며
이제야 의미 음미 조금씩 머금어 보는데
그대 단상 앞으로 좀 더 당겨 앉으니
이내 꼭꼭 닫아 놓으셨네요

아쉬워라
그대 단상 위 노래
그대 풍미 너무 금방 사라져서
나는 씁쓸히 입맛만 다시고 있네요

감칠맛 나는 그대 단상에
밍밍한 내 추억도
살짝 곁들일 수 있길
원했어요

꿈 부른 허기로
바짝 당겨 본
그대 단상
이내 치워진 그 노래

우리의 걱정

밥상이 들어오면
우리는 이불 속으로
더듬더듬 쏘옥 쏙
숨어서 자리를 잡아요

자는 듯하여도
쉬는 것 같아도
언니를 더 세심하게 살펴 주지요

맛있게 먹지만 힘겹다는 것도
우리는 언니를 알고 있고요
천천히 삼켜도 아차 사래 드는
언니를 우리는 알고 있지요

달그락 달그락 짭짭
그러다 꿀~꺽 삼켜지면은
끙끙 낑낑
걱정이 세어 나와요

쪼르르 후르르 꼴깍
그러다 캑~캑 기침하면은
끄응 끼잉

잔소리가 세어지죠

그랬어~?
그치…
그러게 말이야…
마음 열어 수긍해 줬더니
낑
잔소리가 한결 누그러졌어요

고마워~
조심할게~
역시 우리밖에 없어…
가슴 깊이 맞추어 줬더니
끙
걱정도 싸악 사그라졌어요

놀고 싶어서

토끼하고도
고양이랑도
그냥 놀고 싶어서

우리하고도
사랑이랑도
그저 놀고 싶어서

불연이
코앞까지 닥쳐와도
발등까지 떨어져도
기분 좋게 시간 때우는
단순한 삶과 쉬운 행복

굳이 어느 육신
어떤 애욕까지
살펴 풀어 보지 않아도
알아줄 이는 단번에 알 듯

돌연이
등까지 져버려도
꽃마저 지고서도

봄기운 그리며 웃는
초여름 중순의 아쉬운 미련

사흘 뒤 반길
너하고도
마냥 놀고 싶어서

행복

돈도 있고 집도 있고 차도 있는 부자라서 행복한가요
휘두르고 누르고 다스리는 권력자로 행복한가요
살아 있는 것만으로도 아프지 않은 것만으로도 행복한가요
희노애락애오욕 느낄 수만 있다면 다 행복인가요
행복이 무엇일까요
무언가를 하며 행복할 수 있겠지요
누군가의 곁에서 행복할 수 있겠고요
하지만 혼자만의 시간에 비로소 행복이 찾아드는 자신의 현실을 고백하는 이도 있었고
무얼 하지 않음으로 행복할 수 있다 한 그대도 있네요
행복이란 것에 혹 지향점도 있을 수 없을까요
행복으로 가는 길 행복한 걸음걸음 떼고 있는 걸요 지금 난
행복, 행복의 나침반은 이미 그대, 그대인 걸요

매력

장난기와 정이
못 말리게 층을 이룬
밝은 표정

모래와 진흙이
조화롭게 쌓여 있는
멋진 지점

그 사잇길로
이 세상도
빨려 들어가고 있다

작은 이질감을 간파하는 운동은
인내심 있게 상호적이다

일부에서 일부로의 소통인 척해도
참된 전부로 간절해진다

네게 내 손을 뻗어 쥐락펴락하지는 못하여도
내 일체가 네게 흠씬 녹아내리고는 있다

사경과 사경 사이

째깍째깍 시계 아주 가는 바늘 돌아가네

가만히 앉아 밥 좀 먹으려 해도 자꾸만 돌아앉고
똑바로 버텨 볼일 좀 보려 해도 또다시 돌아 있네

갸웃갸웃 아니 갸우뚱 한번 하니 온몸이 돌아가네
어질어질 빙빙 세상이 돌아 버려 나도 미치겠네

잠시 벽에 머릴 기대지만 눈은 계속 뱅글뱅글
잠자리에 누우려 해도 엄마에 가닿으려 해도
도무지 비틀거려 바로 코앞인 것을 먼 길을 도네

스륵스륵 어느새 굵고 짧은 시침도 따라 도네

딴엔 가리느라 화장실에 아슬아슬 깡총 올랐건만
집중해 힘주어 시원하게 쉬야 응가 봐야 하는데
중심점 노릇하던 다리 한쪽은 아야야 힘이 빠져서
당최 기울어진 머리 돌아가는 몸을 멈출 수 없네

송알송알 영양 가득 반지르르한 똥송이도
뭣보다 톡 톡 잘 씹어 꼭 다시 꼭 먹어야 하는데
입맛보다 빠르게 푹 밟아 버린 촉감에 정신이 번쩍

한 시간 훌쩍 넘긴 나의 볼 일에 새롭게 해 줘야지

세 시 지나 여섯 시 엄마께로 가물가물 졸면서 도니
엄마의 흔들리는 머리 외려 가만가만 나를 기다려
엄마의 틀어지는 목 오히려 바로지게 나와 맞추네
쪽! 돌아오는 내 이마에 꼭 뽀뽀하려고 쪽 해 주려고

세 시간 얼른 보낸 나의 볼 일에 한 번 더 힘내 봐야지
아홉 시 가리키기 전 엄마께로 눈 반짝 빛내어 보여
찍! 발사하는 오줌 포물선에 꼭 멀찍이서 꼭 깔깔대라고

즉석

적당한 크기인 줄 알았겠지
편안한 모양이라 정했겠지
그렇게 미리 잘라 놓아 주었겠지
납작 어슷하게 둥근 조각들, 휘어진 원뿔 끝둥이
정사각 녹빛 풀밭 무늬 가득한 작은 쟁반에
그리 소복하지 않게 한주먹 거리로
두르륵 낮게 떨어졌을 다홍빛 당근 조각들
색상대비? 보색대비? 얄팍한 미술이론
히죽히죽 의문부호만 띄우다 터뜨려도
너와 나의 흐릿한 눈에도 확 들어오겠지

너를 배신할 만한 냄새가
조금도 배어 있지 않은 손이라야 해
손가락 집게로 다 집어든 당근 한 조각
밝게 들이댄 분홍빛 그 작은 입 벌려 문다
한 조각의 또 작은 한 조각을 잘라 오물거리지
손톱 박힐 듯 미끄러지지 않게 다부져 가는 나의 힘을
여린 너는 그리 오래 좋게 봐 주진 못하는구나
어느새 물기 어린 신선한 향은 다 앗아 버렸을 테니
몇 입 대지도 않고 한 조각 채 다 먹지도 않고
입길 손길 잘도 어긋내며 이제 그만이라니 원

이에 질세라
문득 떠오르며 대범하게도 즉각 움직여지더라
너와의 즉석에서 나는 돌아앉아
절도 있는 기도로 한 방도를 펼쳤으니
예상대로 잘도 먹히더라
기대대로 곧잘 받아먹더라
짧아진 너의 입을 조금이라도 늘리려고
앙상해진 너의 몸집이 좀 탄탄해지라고
쇠해지는 너의 생을 끌어올려 놓으려고
수분 향이 담뿍 살아 있어 참 맛있으라고
입맛 돋우어 좀 더 잘 먹일 욕심에
가까이에 조심스레 비켜 앉아 조금 조금씩
바로 잘라 바로 입에 대 주었지
씩 싹 썰어 쏙 쏙 입에 넣어 주었지

휴

단잠 맛이 꿀이야
꿀잠 맛이 꿈이야

나가며 들어오며 이대로
눈만 감고 있다 마려나 하다
어느 순간 폭 빠져
근심 한 점 없이
폭 폭 잘도 곯아떨어져

다져져라 뭉쳐지는 근육통에
닳아져라 찢어지는 섬유통에
부러져라 끊어지는 신경통에

들숨인지 날숨인지
모를 숨길이 탁 막히어
가지런한지 틀어졌는지
모를 치열이 딱 부딪혀
웃고 있는지 울고 있는지
모를 두 눈이 확 뜨이어

온몸에 연유하여 팡팡팡
두더지게임처럼 모를 아픔들

정말 잡지도 못하고 말
잡히지도 않을 것들

나 그냥 누워 버릴 테야

90도 100도는 벗어나서
180도엘랑 미치지 않을
그 얼마의 각도로
가라앉은 무의식 속으로
풍덩 빠져 버릴 거야

방끗 웃는 귀여운 풀꽃 베개에
평온히 흘러가는 하얀 구름 쿠션
비만 살짝 덮어 준 하늘 이불에
힘겨운 삶 몽땅 맡기어

얌얌얌옴얌 아가 될 테야

장거리든 단거리든 좀 누워서 갈래
둥가둥가 띵까띵까 누워서 돌아올래

사랑해 라는 말

사랑이는
사랑해 라는 말을
잘 알아듣습니다

사랑이 사랑해
사랑아 사랑해
사랑스럽게 흘려보내 주면
아주 흡족해합니다

그 예쁘고 착한 눈이
더 크게 빛나고
편안하게 엎드린 자세로
자기의 앞발을 귀엽게 핥으며
대답을 보내 줍니다

맞다고
나 사랑스럽다고
기분 좋다고
깜빡
웃어 줍니다
*^.^*♡()

팥죽 못 먹은 동지를 기리며 웃네

복잡다단하게도 어둑어둑해지다
어둠 새까맣게 간결해지니
이내 꿈 틀어
꿈틀거리며 넘보던 극한의 흑점
무섭게 비틀어
비틀거리며 은근히 선을 넘어
너 바로 주인이 되었구나 이 달
달구어 내듯 짙어진 증기가
아직 마냥 차갑기만 한데 이 밤
밤은 일러 길어서 멀어진 잠
잠시 밀치며 배곯았다 응애
응애 울어 대다 쭙쭙
젖 빨던 갓난아기 삐쭉
삐쭉거리며 반짝이는 입
입선에 새롭게 드는 웃음소리 맑아 아르르
어르는 새벽도 느릿느릿 밝아 와

운명의 기도

무려
갑인생이다

그래서인지 고맙게도
잘 살았다

잘 살고 있다
이 나라에서

갑목*도 우리나라요
인목*도 우리나라다

곧게 우뚝 선
든든한 울타리 안에서
이만하면
잘 나고 잘 자랐다

그러니 행여 배은망덕 말라고
내 생애에도 이렇게 버젓이 펼쳐지는
이 매국의 사태들에 위태롭다
잠 못 이루는 날들을 맞이하였나

온전치도 자유롭지도 못한 이 작은 목숨에
때마침 들어서는 계해*의 굵은 물줄기야
부러질지언정 휘어지지 않는 이 마른 근간을
부디 생명수로 적셔다오

천지로써 천지를 기도한다

내가 뭐라고
아니 내가 뭐라고
아니 외려 나라서
이토록 간절할 수밖에 없구나

* 갑목(甲木)과 인목(寅木)은 1974년 갑인년생인 시인 자신을 가르킨다.
* 계해는 60간지의 마지막으로 끝인 동시에 시작을 의미한다.

하트

넌 사랑스런 우리 토끼
사랑이
너희에 자라난 사람 난
명숙이

이제는
쾅쾅
씩씩하게도 쾅쾅
철망 오르내리는 대신

이제는
쏴
똑소리 나게 쏴
쉬 잘 가리는 대신

펄럭펄럭 낮게 깔린 하얀 패드 위에
흐물흐물 엎드려 있는 채로
움직임도 시도도
모든 것이 조신해져서는

흘려보내는 그 소리에
퍼뜨리는 그 빛깔들이란

있는 힘껏 올라간 꼬리 끝엔
그 틈이 달려 있구나
온 마음이 들어 있구나

사랑이에요
한 아이의 자기 소개가 밝고 맑게 들려 와

사랑이에요
따뜻하게 젖어 오는 시간을 지그시 잡고는

사랑이에요
하심으로 입맞춤하며 오래도록 바라보고파

사랑이에요
세상 그 어떤 묵언의 끝이 이렇게나 진여로 발화돼

그저 배어 있어요

구멍이 나 버렸겠거니 했나 봐요

발톱
코 입 틈새만큼이나

떨어져 나갈 천 조각이
대롱대롱 버티고 있을 줄 알았나 봐요

용케 그 일들을 내지 않았더라도
제법 빨아들이네
한참 잘근거린다

그 작은
혀끝만큼 봉긋 솟아 있지도
이 자국만큼 잉잉 울지 않고
다림질 받는 양
물만 그저 배어서는
짙푸르러지기만 한
심장의 반 반의 내리막길

메마른 두덩 다른 오르막길에
지난 추억들 떨구어진

눈 매무새 가다듬으면
재미있게도
눈물 찔끔 나도록
깨물린 순간들 반기어 오지만
한층 더 받아들이는 바로는…

엔트로피

말썽들이 너무 저조하구나, 아가
이제 다시 슬슬 분발해야 하지 않을까 응?

눈가 입가 콧등 어디인지
엄마 얼굴 전체
목선에 목구멍까지
감기 기운 도나

마사지 팩 매끈히 착 붙어 주나
글썽글썽 돌아가는데
슬픈 미소 들썩이나

돌아보며 둘러보며
주섬주섬 집어 쥐고픈
옛 말썽들

행복한 순간들은
시간이 걸려야 똑바로 깨달아져

네 작은 해소들
스스로 추스르던 상태들
그 역주행이

마냥 이뻐 죽겠을 뿐

네 경계 밖
어질러지던 흐름들에야
뭐 까짓것

난 기꺼이
힘을 불어넣어
놓을 수 있었어

반전

늘 웃고 있더라고
털끝 하나
어림반푼어치도 없다며
호되게 혼쭐을 내고도
한결 또 한결 인자한 곡선
획이 선명하더라고

집 나서는 발길 되돌려 놓으며
발랑 누워
손가락 감싸 쥐려
바짝 당겨 와

지구 저 아래 노오란
핵 속으로까지 떨어지지나 않을까
머리를 덜컥 공중에 띄우고서는

어이쿠 조심
손바닥 베개 살짝 베 주길래
받쳐 준 김에 그 볼 따귀 한번
톡톡 두드려 볼까

어디 감히 선을 넘느냐

손톱을 한방
박아 버리면서도

벽으로 물러나
태세 잡고 앉는 동안

이미 내게는 너그러이
허락은 하고 있었노라

시선 돌리곤
히익 씨익
오래오래 웃더라고

어떤 모빌

천 천 휘 빙 빙
커다란 세 바구니

담으려는
담길 수밖에 없는

그 무엇이 가장 무거워
먼저 줄은 끊어질지

저 멀리 전해 오는
부처님, 말씀, 번쩍이는 마음들

그 의미에
미묘한 여지 말갛게 두고서
경 율 론
틈새를 고르게 벌려 놓아

오색 연기
끄덕끄덕 눈감아 주듯
인정하여 담는데

편협한 난
마냥 갸웃갸웃

2025 구상솟대문학상 수상작

구상솟대문학상은 故 구상 시인께서 소천하시기 전인 2004년 솟대문학상 발전 기금으로 2억 원을 기탁함에 따라 2005년부터 구상솟대문학상으로 명칭을 변경하여 운영해 오고 있다. 2024년 한강 작가의 노벨 문학상 수상을 기해 후원을 받아 올해부터 상금이 300만 원에서 500만 원으로 증액되었다. 부상으로 도서출판 연인M&B 후원으로 개인 시집을 출간해 주고 있다.

-심사위원: 김재홍(가톨릭대학교), 맹문재(안양대학교), 이승하(중앙대학교)

한국장애예술인협회(석창우 대표)에서 2025구상솟대문학상 수상자를 발표하였다. 제35회 구상솟대문학상에 서성윤(남, 44세, 전신마비장애), 고명숙(여, 51세, 뇌병변장애) 시인이 선정되었다.

2025구상솟대문학상은 상금이 500만 원으로 확대되어 경쟁이 치열해진만큼 수상작 선정을 위한 심사위원들의 토론도 뜨거웠다. 2025구상솟대문학상심사위원회는 수상작으로 서성윤의 〈동네에서 같이 살기〉와 고명숙의 〈운명의 기도〉를 선정했다. 심사위원들은 강한 특성을 나타내고 있는 두 시인의 작품들 중 어느 한 편을 선택하기보다는 두 편을 모두 수상작으로 선정하는 것이 문학상의 취지를 풍성하게 살린다고 판단하여 공동 수상으로 결정하였다.

서성윤 시인은 20세 때 뺑소니 교통사고로 전신마비 상태에서 마우스스틱을 입에 물고 글을 쓰고 있다. 2006년 사고로 중단한 대학 공부를 경희사이버대학교 미디어문예창작과에서 마치고 본격적으로 글을 쓰고 있다.

2025구상솟대문학상심사위원회 위원장을 맡은 맹문재 안양대학교 국어국문학과 교수는 수상작인 〈동네에서 같이 살기〉는 "사마귀조차 귀한 인연으로 여기고 '동네에서 같이 살'려고 하는 대상애(對象愛)를 보여 주고 있다. 점점 이기적 개인주의에 함몰되어 공동체의 가치가 무너지는 현대사회의 상황에서 작품의 주제 의식은 의미가 크다."고 평가하였다.

서성윤 시인은 수상 소감으로 "2010년 졸업 당시, 필력을 쌓아 언젠가는 솟대문학상을 받고 싶다고 다짐했었다. 비록 15년이라는 긴 시간이 흘렀지만, 이처럼 오래도록 품었던 각오를 현실로 만들게 되어 더없이 영광스럽고 감격스럽다."고 기쁨을 감추지 않았다.

  또 한 명의 수상자 고명숙 시인은 중증의 뇌성마비로 할 수 있는 일이 거의 없었는데 직업전문학교 시절인 1999년에 『솟대문학』에 시를 보내 한번 실린 적이 있다. 그 후 일상에서 경험하고 느끼고 고민하는 것들을 조심조심 꺼내어 시를 썼다. 수상작 〈운명의 기도〉는 "갑인(甲寅)생으로 살아온 자신의 삶의 의미를 개인적인 차원을 넘어 사회적이고 역사적인 차원으로 인식한 점이 눈길을 끈다."고 맹문재 교수는 심사평을 하였다.

  고명숙은 수상 소식을 알리자 "이 큰 영광이 주어진 데 대해 스스로 그 타당성을 부여하기가 여간 조심스럽고 낯설고 쑥스러운 일이 아니었다. 솟대처럼 하늘을 향해 묵묵히 글을 쓰는 시인으로 노력하겠다."고 다짐하였다.

수상작

동네에서 같이 살기

서성윤

카페 출입을 문턱으로 거부당한 화는
덩굴장미가 무성한 야외테라스에서 사그라들었다
의자를 치우자 전동 휠체어 넉 대는 자리가 되고
엇박으로 내쉬는 호흡으로 와자지껄
성윤이를 국립재활원에서 처음 봤을 때
몇 년을 더 살지 동기들은 내기했다는데
이제는 트랜스포머 같은 휠체어 타고
지역에서 자립하고 일까지 한다니
연애만 하면 이번 생은 완벽하다고 웃어 댔다
한숨 가득한 서로의 일상을 지지하면서
한바탕 웃다가 침울했다가 다시 웃길 반복
아직 서산이 해를 지우려면 한참이지만
언제가 될지 모르는 나중을 약속할 시간
서둘러 장애인 콜택시를 부르고
30분 간격으로 작별 인사를 한다
도착한 마을에 하나둘 켜지는 초저녁
귀 뒷머리로 뭔가 오르는가 싶더니
테라스에서 따라온 메뚜긴가?
머리를 살래살래 흔들어 떨어뜨렸다

슬로프를 따라 후진으로 하차하는데
사마귀가 손등으로 성큼성큼
팔 위로 어깨로 머리로
-기사님! 사마귀! 사마귀!
지구가 흔들리도록 쌀래쌀래
왼쪽 어깨에서 주춤대는 녀석을 기사님의 검지킥!
나가떨어진 사마귀를 보고
-이 친구도 같이 내릴게요
잠자리 눈처럼 휘둥그레진 기사님은
-바퀴로 밟아 죽이게요?
-아뇨, 동네에서 같이 살아야죠

수상작

운명의 기도

고명숙

무려
갑인생이다

그래서인지 고맙게도
잘 살았다

잘 살고 있다
이 나라에서

갑목*도 우리나라요
인목*도 우리나라다

곧게 우뚝 선
든든한 울타리 안에서
이만하면
잘 나고 잘 자랐다

그러니 행여 배은망덕 말라고
내 생애에도 이렇게 버젓이 펼쳐지는

이 매국의 사태들에 위태롭다
잠 못 이루는 날들을 맞이하였나

온전치도 자유롭지도 못한 이 작은 목숨에
때마침 들어서는 계해*의 굵은 물줄기야
부러질지언정 휘어지지 않는 이 마른 근간을
부디 생명수로 적셔다오

천지로써 천지를 기도한다

내가 뭐라고
아니 내가 뭐라고
아니 외려 나라서
이토록 간절할 수밖에 없구나

---

* 갑목(甲木)과 인목(寅木)은 1974년 갑인년생인 시인 자신을 가르킨다.
* 계해는 60간지의 마지막으로 끝인 동시에 시작을 의미한다.

심사평

대상애(對象愛)와 운명애(運命愛)의 공동체 가치 돋보여

맹문재
(안양대학교 국어국문학과 교수, 문학평론가)

  2025구상솟대문학상 수상작으로 서성윤의 〈동네에서 같이 살기〉와 고명숙의 〈운명의 기도〉를 선정했습니다. 심사위원들은 강한 특성을 나타내고 있는 두 시인의 작품들 중 어느 한 편을 선택하기보다는 두 편을 모두 수상작으로 선정하는 것이 문학상의 취지를 풍성하게 살린다고 판단했습니다.
  서성윤의 작품들은 자신의 삶의 이야기를 구체적이면서도 자연스럽게 표현하면서 탄탄한 구성력을 갖추고 있습니다. 수상작인 〈동네에서 같이 살기〉는 사마귀조차 귀한 인연으로 여기고 "동네에서 같이 살"려고 하는 대상애(對象愛)를 보여 주고 있습니다. 점점 이기적 개인주의에 함몰되어 공동체의 가치가 무너지는 현대사회의 상황에서 작품의 주제 의식은 의미가 큽니다. 〈생일 축하합니다〉에서 보여 주는 가족 사랑 역시 큰 울림을 줍니다. 자기 긍정을 토대로 이 세계와 함께하려는 시인의 자세는 성숙한 인간 정신의 실천이기에 적극 응원합니다.

고명숙의 〈운명의 기도〉는 갑인(甲寅)생으로 살아온 자신의 삶의 의미를 개인적인 차원을 넘어 사회적이고 역사적인 차원으로 인식한 점이 눈길을 끕니다. 작품의 화자는 "곧게 우뚝 선/든든한 울타리 안에서/이만하면" "잘 살았다"고 말하면서, "매국의 사태들에 위태"로움을 느끼고 "잠 못 이루는 날들"에 맞서고 있습니다. 어려운 나라의 상황이 극복되어 잘 살기를 희망하는 것입니다. 생사의 처지나 미래의 존망에 대한 화자의 간절한 기도는 자신을 위한 것이면서 동시에 모든 사람들로 이루어진 나라를 위한 것입니다. 시인의 공동체적 운명애(運命愛)는 지극히 숭엄하기에 기꺼이 동참합니다.

수상 소감

자유롭게 흐르는 언어로,
다시 삶을 살리는 말로

서성윤

2000년, 목이 부러져 재활병원을 전전하며 힘든 시간을 보낸 후, 저는 시골로 돌아왔습니다. 그곳에서 저는 불가피하게 세상과 단절된 시간을 보낼 수밖에 없었습니다. 온종일 누워 지내다 리프트에 실려 휠체어에 앉게 되면, 저는 대여섯 시간 동안 마우스스틱을 입에 물고 키보드를 한 자 한 자 두드렸습니다. 그것은 닿을 수 없는 세상에 저의 존재와 목소리를 알리고 싶었던 간절한 마음에서 비롯된 것이었습니다.

그러다 경희사이버대학교 미디어문예창작과에 2006년 입학했습니다. 동기 중에는 솟대문학상을 수상하신 손병걸 시인이 계셨습니다. 〈어둠이 환하다〉, 〈낙하의 힘〉 등의 시를 읽으며 감탄했던 기억이 생생합니다. 4년 6개월간의 배움을 마치고 2010년 졸업 당시, 저는 "필력을 쌓아 언젠가는 솟대문학상을 받고 싶습니다."라고 말했습니다. 비록 15년이라는 긴 시간이 흘렀지만, 이처럼 오래도록 품었던 각오를 현실로 만들게 되어 더없이 영광스럽고 감격스럽습니다.

지난 7월 7일 오후 1시 57분, 솟대문학에서 전화가 왔습니다. 저는 올해 솟대평론 상반기에 실린 저의 시에 대한 전화일 것이라 짐작했습니다. 하지만 통화 도중 제가 공동 수상자라는 사실을 뒤늦게 알게 되었습니다. 너무나 얼떨떨했습니다. 수상 소식 전화를 끊은 후, 소감문을 쓰기 전에 저의 글쓰기 인생에서 소중한 인연들을 떠올렸습니다. 수원새벽빛장애인야학의 신승우 교장 선생님, 황은주, 이도훈, 박설희 선생님과 함께 공부한 문우들, 그리고 축복의 통로, 오리진, 노웨이, 재미나, 아이, 돼지먹다, 소중한 분들께 감사드립니다. 무엇보다 저를 사랑으로 지지해 주신 가족들, 특히 어머니께 깊은 감사를 전합니다.

이처럼 많은 분의 도움을 떠올리며 적다 보니, 저는 홀로 '온몸으로 쓴 것'이라 여겼는데, 사실은 저에게 이야기가 되어 주신 분들 덕분에 글쓰기가 가능했다는 생각이 듭니다. 그저 당신과 함께한 이야기를 옮겨 적었을 뿐이라는 감사함을 느낍니다. 부족한 글을 너그러이 봐주신 심사위원 선생님들께도 진심으로 감사드립니다.

앞으로도 제 삶에서 건져 올린 언어를 다시 삶을 살리는 말로 빚어내겠습니다. 자유롭지 못한 몸이더라도 언어만큼은 어디라도 자유롭게 흐르겠습니다. 더 깊어지고 아득해지겠습니다. 고맙습니다.

수상 소감

세상의 모든 것에 귀 기울이며 시쓰기

고명숙

　기쁜 일, 좋은 소식은 백 년 만에 찾아온 더위와 상관없이 오나 봅니다.
　구상솟대문학상 공동수상 소식은 놀람으로 잠시 말을 잃었습니다. 이 큰 영광이 주어진 데 대해 스스로 그 타당성을 부여하기가 여간 조심스럽고 낯설고 쑥스러운 일이 아니었습니다.
　저의 부족한 글에 담긴 따뜻함 읽어 주시고, 그 안에서 세상과 삶에 대한 마음과 의지를 발견해 주신 심사위원님께 감사드립니다. 무엇보다도 늘 말없이 응원해 주시는 가족과 벗들, 그리고 제 시가 자신 외에도 그 누구에게든 다가가 또다시 가슴에 닿길 바라며 읽어 주시는 한 사람 한 사람에게 이 수상의 기쁨을 함께하고 싶습니다.
　소식을 듣는 내내 글 쓰는 일을 늘 살펴 주신 최명숙 시인님께로 소식을 얼른 전해 드리고 싶은 한편, 제가 상을 받게 되었다는 것이 또다시 믿어지지 않았습니다.

시는 세상의 모든 것에 귀 기울이는 일이라 생각합니다. 혼자 걷는 길 같지만, 결코 혼자인 적이 없었기에 여기까지 올 수 있었습니다. 앞으로도 시를 짓는 마음과 시의 언어로 삶을 어루만지고, 아픈 자리, 기쁜 자리, 어느 자리든 햇살 한 줄기 닿게 하는 시인이 되고 싶습니다.

솟대처럼 하늘을 향해 묵묵히 글을 쓰는 시인으로 노력하겠습니다. 감사합니다.

-이 친구도 같이 내릴게요
  잠자리 눈처럼 휘둥그레진 기사님은
-바퀴로 밟아 죽이게요?
-아뇨, 동네에서 같이 살아야죠